Willi Rolfes · Heinrich Dickerhoff · Martin Feltes · Tobias Böckermann

daSein.
Wie ein Baum

fotoforum

Vorwort

Wir Menschen sind sonderbare Lebewesen. Und ganz Besondere. Wir reflektieren uns und unsere Welt. Reflektieren, das heißt zunächst nicht „überdenken", sondern „sich spiegeln". Bewusst und öfter noch unbewusst spiegeln wir uns in der Welt um uns, schauen nach außen und sehen doch etwas von uns selbst.

Nicht alles um uns lädt in gleicher Weise ein, in ein Spiegelbild zu blicken. Aber seit Jahrtausenden ist der Baum ein wichtiger Daseins-Spiegel. Weniger in der abstrakten Philosophie als in der volkstümlich-alltäglichen Lebensweisheit. Das älteste Gebet- und Gesangbuch der Menschheit, das Buch der Psalmen, vergleicht zu Beginn, im 1. Psalm, den Menschen, der dem Leben gerecht wird, mit einem „Baum, an Wasserbächen gepflanzt". Und unzählige Lieder besingen den Baum als Bild für das, worum das Leben kreist. Der Lindenbaum vor dem Tor lädt zum Träumen in seinen Schatten ein. „Alt wie ein Baum möchte ich werden", wünschte die bekannte DDR-Rockgruppe Puhdys. Und Alexandra klagte „Mein Freund, der Baum, ist tot!" Und der schlichte Anstecker „Baum ab, nein danke!" war in den späten 1970er-Jahren Ausdruck wie Verstärker eines neuen „grünen" Lebensgefühls.

Unser Dasein im Baum zu spiegeln, das Menschsein mit dem Baum als Lebensbild zu verknüpfen, ist also kein neues, sondern ein uraltes Thema. Unser Bildband steht daher in einer langen Tradition, aber, wie wir hoffen, als eine dennoch originelle Variante.

Wir möchten Sie, liebe Leser und Betrachter, einladen, wunderbare Baum-Fotografien zu genießen, sei es als Baum-Liebhaber, sei es als Fotografie-Experte, vielleicht aber auch ohne spezielles Fachinteresse, nur offen, für die staunenswerte Schönheit des Lebens, die sich in diesen Bäumen zeigt. Und vielleicht mögen Sie beim Genuss auch Ihre Gedanken schweifen lassen und sich fragen, warum ein Baum-Bild Sie besonders berührt, ob Sie gar einen Freund, einen Bruder, einen Spiegel entdecken auf einem der Bilder.

Nicht als Kommentar zu diesen Bildern, sondern als einen ergänzenden Zugang zum Zauber der Bäume finden Sie auch vier Textbeiträge in diesem Bildband. Einen eher poetischen, der im Staunen über die Baum-Bilder und die darin entdeckte Lebens-Wahrheit entstanden ist, sowie drei Beiträge, die aus unterschiedlichen Perspektiven – biologisch, kunstgeschichtlich und „spirituell" – die Bedeutung des Baumes an-deuten.

daSein. Wie ein Baum. Bäume können Weg-Weiser sein zur Selbsterkenntnis und zum Verstehen der Welt. Aber, so schrieb Johann Wolfgang von Goethe, „grau, teurer Freund, ist alle Theorie und grün des Lebens goldner Baum". Und auch wenn dieser Rat von Mephisto gegeben wird, so ist er doch wahr und richtig. Wir wünschen Ihnen viel Freude an und mit den Baum- und Lebensbildern dieses Buches.

Inhalt

Der Mensch ist wie ein Baum

Stamm-Wissen

Wachsende Wunder

Wurzel-Tiefen

Totholz wird Leben

Welt-Achse und Lebens-Baum

Der Baum im Spiegel der Kunst

Die Biologie der Bäume

Bäume im Blick des Fotografen

Der Baum

Ich fühle mich dem Baum verwandt,
seine Wurzeln ruhen dunkel im Land;
oben aber im lichten Geäst
feiern Winde und Vögel ein fremdes Fest.

Dunkel ist meines Lebens Sinn,
weiß nicht, woher ich gekommen bin;
durch meine Wipfel hoch und weit
ziehn Gedanken und Lieder – rauscht die Zeit.

_____

Otto Linck

Voll Blüten

Voll Blüten steht der Pfirsichbaum,
Nicht jede wird zur Frucht,
Sie schimmern hell wie Rosenschaum
Durch Blau und Wolkenflucht.

Wie Blüten gehn Gedanken auf,
Hundert an jedem Tag –
Laß blühen! Laß dem Ding den Lauf!
Frag nicht nach dem Ertrag!

Es muß auch Spiel und Unschuld sein
Und Blütenüberfluß,
Sonst wär die Welt uns viel zu klein
Und Leben kein Genuß.

———————————

Hermann Hesse

Teilen II

Ich schüttle
den Apfel
vom Traum

Komm
lass uns teilen
die Frucht

den Wurm
in der Frucht

den Traum
lass uns
teilen

———

Rose Ausländer

da hin

Durchs Fenster des Tischlers
zieht Duft von Kieferspänen.
Es singen die Sägen.

Der Baum wird zum Sarg,
zum Bett und zum Tisch,
zum Cello, zur Bank.

Alles entsteht und
alles vergeht –
jeder Leib, jede Blume

und jeder Baum,
jeder Tag, jede Nacht,
jede Lust und Last.

Was bleibt?
Das Ende ist
sicher

offen.

_____

Lisa F. Oesterheld

daSein.
Wie ein Baum

Fünf Inspirationen
von Heinrich Dickerhoff

Der Mensch ist wie ein Baum

Ich schau auf die Welt,
die Welt ist wie ein Fenster.
Ich schaue nach außen,
schaue über mich hinaus.

Und die Welt ist wie ein Spiegel.
Wenn ich nach außen schaue,
sehe ich immer etwas von mir.
Weil ich mit meinen Augen schaue.

Die Welt ist mein Spiegel.
In Himmel, Sonne, Mond und Sternen
sehe ich meine Sehnsucht nach Weite.
Im unendlichen Meer
sehe ich meine Sehnsucht nach Freiheit.
Und im Baum sehe ich,
was mein Leben ausmacht.

Ich sehe eine stille Erinnerung
an unser aufrechtes Dasein
zwischen Erde und Himmel,
Wurzel und Weite,
Standfestigkeit und Vergänglichkeit.

Ich fühle mich dem Baum verwandt.
Er erinnert mich an drei Lebens-Wünsche:

Wie der Baum mit seinem Stamm
möchte ich einmalig sein,

wie der Baum mit seiner Krone
will ich mich entfalten,

wie der Baum mit seiner Wurzel
brauche ich Halt und Heimat.

_____

Stamm-Wissen

Ich fühle mich dir,
Baum, verwandt.

Du stehst vor mir.
Vielleicht aufrecht und gerade.
Kraftvoll. Erdverwachsen.
Standfest. Sturmfest.

Vielleicht wiegst du dich im Wind
und tanzt die stärksten Stürme aus.

Vielleicht hat die Zeit dich auch gebeugt.
Gestutzt.

Aber solange du lebst,
reckst du dich dem Licht entgegen.

Jeder Baum ein Kunstwerk.
Ein Meisterwerk.
Keiner so wie der andere.

Kein Blatt so wie das andere.

Jeder Baum ein Wunder für sich.
Einmalig.

Einmalig möchte auch ich sein.
Ich bin es ja,
auch mein Leben ist ein Unikat.
Das weiß ich.

Doch ich spüre und fühle es erst,
wo ich für einen anderen einmalig bin.

Wo ich nicht ein Stück Wald bin,
sondern gewollt bin als der Einzelne, der ich bin.

Aufrecht leben.
Einmalig.
Eigenständig.
Da sein.

Nicht weil, nicht damit
ich nützlich bin.
Nicht weil, nicht damit
ich mein Dasein begründe.
Da sein, weil ich da bin.

Einmal werden die bäume die lehrer sein,
schrieb Dorothee Sölle.

Lehrt mich, ihr Bäume, das rechte Wünschen.
Dass ich einmalig bin – wie jeder von euch.
Unverwechselbar.

Einmalig möchte ich sein und unverwechselbar
in den Augen derer, die mich lieben.
Mich kennen und beim Namen nennen.

_____

Wachsende Wunder

Da sein. Aufrecht. Einmalig. Unverwechselbar.
Diesen Wunsch weckst du, Baum, in mir.

Du stehst da, als der, der du bist.
Und doch ruhst du nicht einfach in dir.
Du wächst.

Du entfaltest alles, was in dir steckt.
Was einst schon
in einem winzigen Keimling steckte.

Du wächst auf, dann entfaltest du deine Krone.
Grünes Blattwerk und vielleicht leuchtende Blüten
wecken die Lebensfreude.

Du bringst reichlich Frucht,
und deine Früchte nähren die Welt um dich.

Dein Blätterdach gewährt Schutz
vor brennender Sonne und prasselndem Regen.

Du wächst und entfaltest dich
in ruhiger Selbstverständlichkeit.

Auch ich möchte nicht nur sein,
ich möchte auch werden.
Möchte mich und meine Kräfte entfalten.
Möchte etwas aus meinen Begabungen machen,
nicht nur für mich.
Möchte hineinwachsen
in die „schöne Anstrengung" Leben.

Lehrt mich, ihr Bäume, richtig wünschen.
Zu sein. Einmalig. Und unverwechselbar.
Und zu werden, was ich sein kann.
Das zu entfalten, womit ich begabt bin.

Blüten.
Früchte.
Ein bergendes Blätterdach.

Für mich und für andere.
Zur Freude. Zum Nutzen. Zum Schutz.

———————————————————

Wurzel-Tiefen

———————————————————

Ich stehe vor dir, Baum, wie vor einem Spiegel.
Ich betrachte dich und sehe mich mit dir.

Ich bin – wie du. Einmalig. Eigenständig.
Ich werde – wie du. Entfalte, was in mich gelegt.
Und ich wurde – wie du. Ich spüre meine Wurzeln.

Tief reichen meine Wurzeln, tiefer als mein Blick.
Weit vor meinem ersten Atemzug
hat meine Geschichte begonnen.
Tief in mir liegt das ganze Werden der Menschheit.

Immer lebe ich auf den Schultern der Ahnen.
Spreche die Sprache, die sie fanden.
Lebe in Städten, die sie gründeten.
Trage in mir, was Eltern und Voreltern
lebten und erstrebten.
Fürchteten und glaubten.

Ohne Wurzeln kann ich nicht leben. Nicht stehen.
Aber, ihr Bäume, ich stehe nicht nur, ich gehe.
Anders als ihr bin ich ein Weltenwanderer.
Darum muss ich meine Wurzeln mit mir nehmen.
Nach innen ziehen.
Mein Magen nährt mich so wie euch die Wurzeln.

Und die Wurzeln, die meine Seele nähren,
liegen tiefer in mir als das, was mir bewusst ist.

Doch beweglich geworden brauche ich Halt.
Heimat.

Wo schlage ich Wurzeln?
Wo finde ich Halt, wenn es stürmt?
Oder in der Dürrezeit?

Erinnert mich an die Wurzeln, ihr Bäume,
an das, was mich hält und wachsen lässt.
Erinnert mich, dass ich bin und werde,
weil ich wurde.

Ein alter Baum, schrieb Kurt Tucholsky,
ist ein Stückchen Leben.
Er beruhigt. Er erinnert.
Er setzt das sinnlos heraufgeschraubte Tempo herab,
mit dem man unter großem Geklapper am Ort bleibt.

———————————————————————

Totholz wird Leben

Ich bin. Ich werde. Ich wurde.
Wie ein Baum.

Und wie jeder Baum werde ich vergehen.
Die Krone wird verdorren.
Der Stamm gefällt.
Die Wurzel gerodet.
Der Baum am Boden.
Zerfällt. Vermodert.
Oder wird Brennholz.
Was bleibt von uns, Bruder Baum.

Gewiss, die schöne Anstrengung des Lebens
hat ihren Wert in sich.
Wir waren da, lebendig und eigen.
Wir haben entfaltet, was in uns lag.
Vielleicht nicht alles, aber doch vieles.
Wir haben den Wurzelgrund gekostet.
All das war und ist gut. Wertvoll. Lohnend.

Aber bleibt darüber hinaus etwas von uns,
Bruder Baum,
wenn kein Lebenssaft mehr durch uns rinnt?
Keine Lebendigkeit mehr in uns ist?
Wenn wir zu Totholz geworden sind?
Einmal werden die Bäume die Lehrer sein.

Moder und Feuer zeigen, was bleibt!
Wo scheinbar Leben zu Moder zerfällt,
wird in Wahrheit neuer Lebens-Raum.
Ein toter Baum ist nicht Altlast,
die entsorgt werden muss.
Was von ihm bleibt, lässt leben.
Und welch ein Wunder,
wo totes Holz zur Flamme wird.
Wo Abgestorbenes zu Licht wird!
Erwärmt. Erhellt.

Dich, Baum,
hat Erdenkraft und Sonnenlicht genährt.
Und wenn dich dann die Erdenkraft verlässt,
wenn du verdorrt und trocken und zerschlagen bist,
dann … dann kann ein Funke überspringen,
und er weckt das Sonnenlicht,
das dich einst wachsen ließ und in dir wartet.
Und Licht, einst Holz und Blatt geworden,
wird erneut zum Licht.

Wer weiß, mein Bruder Baum,
was einmal wachsen wird aus unsren Lebensresten
und wie viel Licht aus uns zurückverwandelt wird
in Licht.

—————————————————

Heinrich Dickerhoff

Welt-Achse und Lebens-Baum

Ein Baum tut uns Menschen gut. Eine Unzahl von Bäumen, ein Wald, erst recht ein ungezähmter Urwald, kann Furcht einflößend sein – in seinem Dunkel kann man sich verlaufen und verlieren. Aber in der Nähe eines einzelnen Baumes fühlt sich fast jeder wohl.

Das ist eine intersubjektive Erfahrung. Intersubjektiv, weil wir sie als sehr persönlich erleben, sie uns aber gerade nicht von anderen Menschen trennt, sondern mit ihnen verbindet. Im Licht der ersten Frühlingssonne, am Fuß eines gewaltigen Bergmassivs oder eben auch vor einem Baum empfinden viele Menschen ähnlich.

Woher kommt das? Manche Verhaltensforscher halten die Liebe zu den Bäumen für ein unbewusstes Erbe aus der Zeit an der Schwelle zwischen Mensch und Tier. Als jener Baum bewohnende Urahn, den die Wissenschaft *Australopithecus* nennt, den Südaffen, mit seiner Sippe die Urwälder Afrikas verließ und hinauszog in die Steppe, wohl weit mehr Flüchtling als Eroberer, da versprach die Nähe eines Baumes Schutz vor den Angriffen mächtiger Jäger. Und dieses gute Gefühl sei uns in Fleisch und Blut übergegangen, so wie wir noch heute, wenn wir erschreckt zusammenzucken, jene Körperbewegung andeuten, mit der wir, die Muskeln zusammenziehend, hinaufspringen könnten ins rettende Geäst.

Etwas sicherer werden unsere Kenntnisse der Baumverehrung in der historischen Zeit. Wenn gefeiert und beschworen wurde, was die Erde nährt und die ewige Himmelsordnung trägt, sodass nicht alles zusammenbricht, dann versammelten sich unsere Vorfahren im eisenzeitlichen Mitteleuropa vor zwei- bis

dreitausend Jahren in heiligen Hainen. Auch in ihren Mythen, ihren Deute-Geschichten über das Woher und Wohin und Wozu des unfassbaren Lebens, spielten Bäume eine große Rolle. Da wuchs in der Mitte der Welt der Welten-Baum, der Erde und Himmel verband, die uns vertraute Welt, die wir durchwandern, und jene andere jenseits unserer Horizonte. Dieser Baum war Brücke und Stütze und mehr, er war die Achse, um die sich alles dreht. Heute scheint eher das Kapital oder die Digitalisierung die Achse zu sein, um die sich alles dreht, aber sobald es wirklich ernst wird, sobald wir mit unserem Latein oder Business-Englisch am Ende sind, enthält der Baum vielleicht doch mehr tragende Wahrheit: Im Hospiz ist der Blick ins Grüne wichtiger als der in die Börsennachrichten oder den Facebook-Account.

Sind die Welt-Bilder der altorientalischen Kulturen wie die der Kelten und Germanen eher wie ein Nachhall aus dem kollektiven Unbewussten unserer Vorzeit, so sind die Bilder und Muster der Bibel tief eingeschrieben ins Stammbuch des „westlichen" Bewusstseins. Kein Buch hat „im Westen" die Wahrnehmung der Welt so geprägt und geschärft, und auch in der Bibel dreht sich mancher Gedanke um den Baum.

Und keine Baumgeschichte war – leider nicht nur zum Guten – so wirkungsvoll wie die vom Lebens-Baum im Garten Eden. Sie steht buchstäblich im Mittelpunkt der Erzählung von Paradies und Sündenfall, die im zweiten und dritten Kapitel des Buches Genesis zu finden ist. Ursprünglich war sie wohl als Ouvertüre einer im 10. Jahrhundert aus älteren Motiven komponierten Verdichtung der Geschichte Israels bis zur Ankunft im Gelobten Land gedacht („jahwistisch" nennen die Bibelwissenschaftler diesen Erzählstrang).

Hier wird der Mensch beschrieben als Erdling (hebräisch *Adama = Ackererde*), dem Gottes Atem eingehaucht wird. In Richtung Sonnenaufgang pflanzt nun Gott einen Garten, das war für altorientalische Verhältnisse vor allem ein durch Bäume beschatteter Lebens-Raum, den soll der Mensch bebauen und behüten, und die vielen Früchte ermöglichen Leben genug. Nur ein Baum – oder sind es doch zwei Bäume, hier bleibt der Text schillernd – in der Mitte des Gartens, der Baum der Erkenntnis (und der Baum des Lebens) bleibt dem menschlichen Zugriff entzogen. Wer davon isst, muss sterben. Und dann wird das Paradies, das glückende Leben vollendet, indem der Mensch ein ihm mehr als die tierischen Mitgeschöpfe entsprechendes Gegenüber erhält, Bein von seinem Bein, Fleisch von seinem Fleisch. Er verliert mit der Rippe zwar die schützende Vollpanzerung seines Inneren (denn jede Liebe macht verletzbar), aber er gewinnt ein Miteinander, in dem man sich nackt, als bloßer Mensch, nicht schämen muss. Mehr Glück ist in dieser Welt nicht zu haben: eine Arbeit, die Freude macht und Frucht bringt, und ein Mit-Mensch, dem man vertraut.

Doch leider ist die Welt nicht so. Die Schlange taucht auf – es wird nicht erklärt, woher und wieso. Das Leben ist eben so, es gibt nicht die ungefährdete Harmonie. Die Schlange fordert den Menschen keineswegs auf, von den verbotenen Früchten zu essen – sie geht psychologisch viel raffinierter vor. Zuerst unterstellt sie, Gott habe verboten, von allen Bäumen zu essen, Er wäre also ein Sadist. Die Frau weist diesen Vorwurf zurück, aber es scheint der Schlange gelungen, das Ur-Vertrauen zu zerstören. Sie bewegt das Menschenpaar zum Zugriff auf den Baum der Großen Erkenntnis von Gut und Böse, beide essen von den Früchten und erkennen – dass sie nackt sind.

Was bedeutet dieser Baum? Was ist die Erkenntnis von Gut und Böse? Es meint nicht die moralische Unterscheidungsfähigkeit, denn die Menschen wissen ja schon vorher, was recht ist und was nicht. Eher meint es die Inanspruchnahme der letzten Einsicht und Entscheidung über alles, und der Mensch, der glaubt, er müsse aus sich heraus alles sein, wird sich gerade dann nackt und als nichts sehen. Der Baum ist da, nicht ohne Grund, aber ohne Begründung, Martin Luther würde vielleicht sagen, ohne den Versuch, sich selbst zu rechtfertigen. Wo wir Menschen aus diesem vertrauensvollen Da-Sein fallen (und das passiert uns immer wieder, es ist Teil unseres Wesens, den die christliche Theologie „Erbsünde" nennt), wo wir versuchen, uns oder anderen zu beweisen, dass es uns geben muss, erleben wir uns nur ungenügend.

Da die Menschen sich ihrer Verantwortung nicht stellen, sondern sie auf andere abschieben, verlieren sie das Paradies. Zum Schutz vor ihrer Blöße, die Feigenblätter kaum verbergen, werden sie von Gott mit Fellen bekleidet, dann geht es hinaus in eine Welt voller Dornen, Schmerz und Enttäuschung. Aber selbst das sieht die kleine Geschichte eher als Schutzmaßnahme denn als Strafe. Denn was würde erst geschehen, fragt sich Gott, wenn die Menschen auch noch zum Baum des Lebens griffen?

Für mich ist diese Baum-Geschichte eins der klügsten Gleichnisse der Bibel, ja der Menschheit. Leider wurde sie immer wieder auch – gegen den Wortlaut – ausgelegt als bloße Gehorsamsprobe, als Kritik am menschlichen Hochmut (dabei geht es um Angst) und vor allem zur Dämonisierung der Frauen: Die Frau ist das Einfallstor des Teufels in die Welt, schrieb der Theologe Tertullian schon um 200 n. Chr. – ohne zu bemerken, dass dieser Satz wenig über Frauen sagt, aber viel über Männer.

Leider weniger wirkungsvoll, aber doch durchaus gut bezeugt und wirksam ist eine andere Fortsetzung dieser Baum-Geschichte. Adam wird begraben mit einem Kern der Paradiesfrucht im Mund, dieser Kern wird zum Baum, und das Kreuz Jesu ist aus dem Holz dieses Baumes. Der Baum, der das zerstörte Gott- und Lebens-Vertrauen zeigt, wird zum Holz, an dem das liebevolle Mitgehen und Mitleiden Gottes mit Seiner Schöpfung sichtbar wird. Auch wer die religiöse Dimension dieses Schlüsselbildes nicht so nachvollziehen kann, wird – nicht naiv-optimistisch, sondern sehr bewusst und lebens-treu – eingeladen zu einem Da-Sein, das uns der Baum zeigt: wohl wurzeltief gegründet, aber nicht sich selbst begründend. Das ist, scheint mir, keine schlechte Lebens-Perspektive, und auch nicht die schlechteste Übersetzung dessen, was das Christentum mit Glauben meint: ein Vertrauen, dass mein und alles Leben einen guten Grund hat vor all meinen Begründungen.

Die Dichterin Dorothee Sölle hat eine mir wichtige Baum-Lektion in Worte gefasst:

Der Baum

Vom baum lernen
der jeden tag neu
sommers wie winters
nichts erklärt
niemanden überzeugt
nichts herstellt

Einmal werden die bäume
die lehrer sein
das wasser wird trinkbar
und das lob so leise
wie der wind an einem
septembermorgen

———————————

Dorothee Sölle

Was die mythischen und religiösen Überlieferungen uns vor Augen malen mit großem Ernst und Gewicht, auf einer kosmisch-überzeitlichen Bühne und mit göttlicher Autorität, das kommt in den Märchen leichtfüßiger daher, als „kleine Geschichte", nicht als Welt-Ordnung, sondern als Menschen-Schicksal, dabei aber nicht weniger „typisch" und intersubjektiv.

Die Märchenhelden bewegen sich nicht im luftleeren Raum, sondern vor einem Hintergrund, der wie das Bühnenbild im Theater Stimmungsbild ist. Bäume gehören mit ins märchenhafte Bühnenbild. Zwar sind sie nicht Hauptperson und Handlungsträger, aber doch weit mehr als florale Dekoration.

Oft erscheinen im Märchen die Bäume in der Mehrzahl, als geballte Macht, als Wald. Wälder waren der dunkle Bereich, der der ordnenden Hand und dem ordnenden Verstand des Menschen entzogen ist. Wer in den Wald gerät, gerät in eine unheimliche unbeherrschbare Welt, eine Anderswelt, in der man sich verirren kann und verlassen fühlt. Aber nicht nur Schrecken lauern im Waldesdunkel, Räuber und Hexen, auch helfende Kräfte warten dort und stärken die, die aufmerksam sind für das Leben. Und es scheint mir naheliegend, im Wald nicht nur das Dunkle und Unbeherrschte rings um die Lichtungen der Menschenwelt zu sehen, sondern auch das undurchdringlich Dunkle in uns, das außerhalb dessen liegt, was unser Bewusstsein ans Licht holen kann. Und auch in diesem Dunkel in uns lauern nicht nur traumatische Ängste und lebensgeschichtliche Altlasten, sondern Lebenskräfte, die uns tragen, wenn wir uns mit ihnen verbinden.

Doch auch einzelne Bäume spielen in manchen Märchen eine herausragende Rolle, wachsen Trost und Leben spendend auf dem Grab der Mutter, rufen uns unsere Lebensaufgaben zu: „Schüttel mich", oder bieten sich denen, die sich verirrt haben, als sicherer Zufluchtsort an. Und diese Bäume, die uns fördernd, fordernd oder bergend erscheinen, sind oft auch „Seelenorte", Stammbäume, die unsere Geschichte verkörpern.

Von den vielen Beispielen aus den Märchen der Welt kann ich hier nur eines ganz anführen, ein Märchen von der Karibikinsel Grenada, das gar nicht anheimelnd ist, aber sehr typisch. Es ist die kürzeste mir bekannte Fassung des Märchen-Motivs der mörderischen Mutter.

Der Pfefferbaum

Es war einmal eine Frau, die hatte eine Tochter, und sie hing ein Bündel Feigen auf zum Trocknen. „Ich geh' jetzt", sagte sie dann zu dem kleinen Mädchen, „wenn ein schwarzer Vogel kommt und die Feigen fressen will, jag ihn fort! Denn komme ich zurück und der Vogel hat die Früchte gefressen, so töte ich dich!" Die Mutter ging und verwandelte sich in einen schwarzen Vogel, kam zurück und fing an, die Feigen zu fressen. Und was das Mädchen auch tat, um den Vogel zu verscheuchen, der flog nicht weg. Da sang sie:

> *„Bitte, schwarzer Vogel, bitte,*
> *Friss' doch diese Feigen nicht!*
> *Denn meine Mutter hat gesagt:*
> *Gibst du nicht auf die Früchte acht,*
> *begrab' ich dich lebendig!"*

Doch erst als der Vogel alle Früchte gefressen hatte, flog er davon. Da kam die Mutter zurück: „Was hast du den Vogel die Feigen fressen lassen?" Das Mädchen sagte, was immer sie auch getan habe, um den Vogel zu vertreiben, der sei nicht weggeflogen. Da hob die Mutter ein Loch aus und begrub das kleine Mädchen lebendig. Und auf ihr Grab pflanzte sie einen Pfefferbaum. Den Leuten aber sagte sie, sie wisse auch nicht, wo ihre Tochter geblieben sei.

Die Frau hatte auch einen Sohn. Der kam zu dem Baum und wollte Pfeffer pflücken. Da singt der Baum:

> *„Bitte, kleiner Bruder, bitte,*
> *pflück' doch diesen Pfeffer nicht!*
> *Denn meine Mutter hat gesagt:*
> *Gibst du nicht auf die Früchte acht,*
> *begrab' ich dich lebendig!"*

Da ließ der Bruder den Pfeffer, lief heim zu seinem Vater und erzählte ihm von dem singenden Baum. Nun kommt der Vater, um Pfeffer zu pflücken, und abermals singt der Baum:

> *„Bitte, lieber Vater, bitte,*
> *pflück' doch diesen Pfeffer nicht!*
> *Denn meine Mutter hat gesagt:*
> *Gibst du nicht auf die Früchte acht,*
> *begrab' ich dich lebendig!"*

Der Vater aber gräbt sein Kind aus der Erde, und es lebt, und dann geht er mit dem Mädchen nach Hause. Und die Mutter, die nimmt er und hat sie lebendig begraben.

(nach: Heinrich Dickerhoff, Trau deiner Sehnsucht
mehr als deiner Verzweiflung, Mainz 2007)

Hinter dem weltweiten Bild der mörderischen Mutter, die hier ihrem Kind keine Überlebens-Chance lässt, steckt ebenfalls eine intersubjektive Erfahrung, freilich weniger eine konkret-biografische als eine existenzielle. Hinter dieser Mutter steht wohl vor allem die Erfahrung der Ur-Mutter Erde, der Natur, die alles, was sie gebiert, auch verschlingt und vernichtet. Aber das Lebens-Zeichen Baum bewahrt das Seelen-Lied des Mädchens, bis die „väterliche" Gerechtigkeit das grausame Gesetz der Mutter Erde überwindet. Und es ist kein Zufall, dass der Baum zum Bild und Ort der „Seele" wird, die ansingt gegen die Vergänglichkeit und Vergeblichkeit des Lebens – ganz ähnliche Verbindungen finden wir in vielen Gedichten, vor allem der Romantik, und in oft aus diesem Geist erwachsenen Volksliedern. Am Brunnen vor dem Tore, also außerhalb der geschützten Lebensräume, steht ein Lindenbaum und lädt uns ein zum Traum einer Welt, in der nicht alles verweht und verwird.

Aber auch wem die mythischen, biblischen und märchenhaften Verdichtungen zu weit entfernt erscheinen von seiner heutigen Lebenswirklichkeit, der kann im Bild des Baumes wiederfinden, was aus einem bloßen Überleben „jenseits von Eden" ein Leben macht, das in sich Glück und Sinn birgt. An drei Große Lebenswünsche erinnert mich der Baum:

Der Stamm des Baums erinnert mich daran, dass wohl jeder Mensch zumindest für einen anderen Menschen einmalig sein möchte, unverwechselbar und nicht austauschbar, nicht nur wie ein Stück Wald, nicht nur wie ein paar Raummeter Holz, sondern so wie ein Baum: ein Stamm, einzigartig, in meiner Einmaligkeit wahr- und angenommen.

Die Krone des Baums zeigt mir – vor allem im Mai – das Wunder der Entfaltung. Wer möchte nicht wie ein Baum wachsen, das entfalten, was in ihr, in ihm angelegt ist? Wer möchte nicht aufblühen, etwas hervorbringen und darin die eigene Lebens-Macht spüren und weitergeben?

Die Wurzeln des Baums ahne ich mehr, als dass ich sie im Erdreich sehe. So ist es wohl auch mit unseren Wurzeln, den ganz individuellen wie den kulturellen. Und so wenig wie ein Baum kann ein Mensch oder eine Gemeinschaft leben nur aus sich heraus, aus eigener Kraft. Wir brauchen tiefe Wurzeln, die tiefer reichen

als unser Denken und Bewusstsein, die tiefer reichen als unsere eigene Lebensgeschichte, die uns verbinden mit dem Lebens-Grund und so auch miteinander, die uns halten und Heimat ahnen lassen.

Fassen wir zusammen: Nur wenige Erscheinungen in dieser Welt – etwa das Wasser, vor allem als Meer, oder die Himmelslichter Sonne, Mond und Sterne – sind für uns Menschen so sinnanregend und sinnbehaftet wie der Baum. Sein Anblick tat wohl einst unseren fernsten Ahnen an der Schwelle zwischen Tier und Mensch gut, führte in den dunklen Mythen alter Zeiten zur Vorstellung der Welt-Achse, um die sich alles Leben dreht. Er inspirierte die schon kritische Auseinandersetzung mit der Welt, die wir in der Bibel finden – und spricht uns Heutige immer noch unmittelbar an.

Der Baum ist das pure Leben, das wurzelt und wächst und doch immer über sich hinausweist in weite Höhen. Der indische Dichter Tagore sah es so:

„Bäume sind der Erde endloses Bemühen, mit dem lauschenden Himmel zu sprechen."

Abb. 1: Henri Menke (6 Jahre), Kinderkunst, 2016

Abb. 2: Paul Klee, Der Häuserbaum, 1918

Martin Feltes

Der Baum im Spiegel der Kunst

Schon immer hat der Mensch eine geheime Verwandtschaft zum Baum gespürt. In der Begegnung mit dem Baum spiegelt sich die Sehnsucht, auf einem festen Grund feste Wurzeln zu schlagen, emporzuwachsen, sich wie das Astwerk zu entfalten, Früchte zu tragen und wie ein Baum etwas Einmaliges und Unverwechselbares zu sein. Darüber hinaus versinnbildlicht der Laubbaum im Wechsel der Jahreszeiten auch den Kreislauf des menschlichen Lebens, den Kreislauf des Wachsens, des Aufblühens und des Absterbens. Und wir staunen immer wieder neu über die unerschöpfliche Kraft des Baumes, nach der winterlichen Todesstarre im Frühling zu einem neuen Leben zu erwachen.

Wohl aufgrund dieser Verbindungen zu unserem Leben zählt der Baum neben der Sonne und der menschlichen Figur zu den frühesten Motiven der Kinderkunst *(Abb. 1)*. Nach der Überwindung der Kritzelphase findet die sichtbare Welt das künstlerische Interesse des Kindes. Dabei wird jedoch nicht der offensichtliche Befund ins Bild gesetzt, sondern das Wesentliche eines erlebten Motivs mit dem Streben nach Klarheit und Prägnanz zum Ausdruck gebracht. Zudem sind im Sinne der Ausdrucksproportion die für das Kind wichtigen Bildelemente größer und dominanter dargestellt als andere Motive. Dies zeigt sich in unserem Beispiel in der Darstellung des senkrecht aufsteigenden Stamms und in der sich dem Haus zuneigenden Baumkrone. Der Baum scheint die Wolken und die Sonne fast zu berühren, womit die alte Symbolik des Baumes als Verbindung zwischen Himmel und Erde anklingt. Dem Himmel nahe zu sein ist sicherlich eine Motivation für den Wunsch

nach einem Baumhaus, wie ihn wohl jedes Kind hegt. Wie eine Höhle verspricht es Schutz, Sicherheit und Geborgenheit.

Die Kinderkunst gilt als eine bedeutende Inspirationsquelle für den deutschen Künstler Paul Klee. Im Gegensatz zu einer häufigen Seelenlosigkeit der akademischen Malerei bewunderte Klee die schöpferische Kreativität, die intuitive Ursprünglichkeit und die spielerische Ehrlichkeit in den künstlerischen Äußerungen der Kinder.

Er war fasziniert von der Kinderkunst in ihrer Bedeutung als Bildersprache der Seele. Nach dem Vorbild der Kinderkunst mit den Merkmalen der Flächigkeit, der Prägnanztendenz, der Ausdrucksproportion sowie der zeichenhaften Reduzierung der Motive ist das Gemälde der *Der Häuserbaum (Abb. 2)* entstanden. Mit seinen stufenartigen Terrassen erschließt der Häuserbaum vertikal das Bildformat und ist zugleich Ort mehrerer Architekturen. Eine winzige in

Abb. 3: Philipp Otto Runge, Wir Drei, 1805

Abb. 4: Thomas Gainsborough, Mr. and Mrs. Andrews, 1749

Strichmannsmanier gezeichnete Figur steht vor einer an den Baum gelehnten Leiter. Wir sind zum Erklettern und Erkunden dieses Baumes eingeladen. Das Gemälde verdichtet die Botschaft: Der Baum ist eine gute Wohnung. Der Baum verbindet auch hier Himmel und Erde, was auch durch die Darstellung der Gestirne vor dem feurig roten Bildgrund angezeigt ist. Der Häuserbaum überspannt Raum und Zeit und überbrückt Leben und Tod und ist damit zugleich ein Weltenbaum. Gegen Ende des Ersten Weltkrieges ist das Gemälde entstanden. Die Welt steht in Flammen. Wie ein Kampfflugzeug stürzt der Umriss eines Vogels in der linken Bildhälfte nach unten. Ein schwarzes Kreuz thront in der Mittelachse des Bildes auf dem Häuserbaum, der hier die Sehnsucht des Künstlers nach Schutz und Geborgenheit zum Ausdruck bringt.

Schutz und Geborgenheit spiegelt auch die Darstellung der wuchtigen Eiche am linken Bildrand in dem Gemälde *Wir Drei*, das Philipp Otto Runge im Jahr 1805 geschaffen hat *(Abb. 3)*. Die Eiche ist Daniel Runge zugeordnet. Er hat sich eng an den Baum angelehnt und scheint mit ihm zu verschmelzen. Philipp Otto und Daniel waren die Söhne eines wohlhabenden Reeders und Kaufmanns, wobei Daniel das väterliche Geschäft übernommen hatte. Gleichzeitig setzte sich Daniel bei seinen Eltern dafür ein, dass sein Bruder Kunst studieren konnte. Er sorgte neben der ideellen Unterstützung auch für die materielle Absicherung seines Bruders und seiner Ehefrau Pauline. Das frisch verheiratete Paar ist auf der rechten Bildseite in enger Verbundenheit dargestellt. Wie ein schützendes Dach breitet sich die Blattkrone des Baumes über das junge Paar aus, dessen enge

Beziehung durch die einander anschmiegenden Bäume im Hintergrund noch einmal pointiert wird. Das an der Eiche hoch rankende Efeu mag den eindringlichen Wunsch nach der Ewigkeit dieses Zusammenhalts symbolisieren.

Ein Hochzeitsmotiv zeigt auch das Gemälde *Mr. and Mrs. Andrews* aus dem Jahr 1749 *(Abb. 4)*. Der englische Maler Thomas Gainsborough porträtierte das Paar in einer landschaftlichen Kulisse, die auf den reichen Landbesitz der Familie Andrews verweist. Darüber hinaus sind in der Landschaft auch symbolische Anspielungen zu beobachten, wobei besonders der Stamm und das Blattwerk einer mächtigen Eiche ins Auge fallen. Auch hier sind die Blätter wie ein schützendes Dach ausgebreitet. Während die Dame auf einer verschnörkelten Bank sitzt, steht ihr Ehemann mit den Attributen eines Jägers am linken Bildrand. Er hat seine Füße auf

Abb. 5: Jan van Goyen, Landschaft mit zwei Eichen, 1641

Abb. 6: Egon Schiele, Herbstbaum in bewegter Luft, 1912

die ausgreifenden Wurzeln der Eiche gesetzt, die auf den langen Stammbaum seiner Familie anspielen. Das Wurzelmotiv wird auch durch die Füße der Bank aufgegriffen, die in ihrer Farbigkeit zu der grünen Baumkulisse im Hintergrund überleitet. Auffallend ist bei diesem Gemälde seine kompromisslose Zweiteilung, wobei das porträtierte Paar allein die linke Bildhälfte in Anspruch nimmt. Die rechte Bildhälfte ist der Landschaft vorbehalten. Hinter dem geernteten Getreidefeld erscheint eine dreiteilige Baumgruppe. Diese sorgt nicht nur für ein optisches Gleichgewicht der Gesamtkomposition, sondern ist zudem Bedeutungsträger. Ein kleines Bäumchen steht in der Mitte zweier größerer Bäume, die als Verweise auf das porträtierte Ehepaar, das wohl Nachwuchs erwartet, zu deuten sind.

Bäume mit den Menschen in Beziehung zu setzen, kann als ein häufiges inhaltliches und gestalterisches Element in der Malerei beobachtet werden. Das Gemälde *Zwei Eichen* von Jan van Goyen ist ein weiteres Beispiel hierfür *(Abb. 5)*. Auf einem Hügel ragen zwei uralte knorrige Eichen empor. Die verzweifelt und wild gestikulierenden Äste lassen gleichsam einen Todeskampf erahnen. Einige Äste sind bereits abgebrochen und ragen als Stümpfe in den hohen Himmel. Durch die Schrägstellung des rechten Baums ist sein Sturz nur noch eine Frage der Zeit. Zwei Wanderer rasten auf einer hellen Lichtinsel zu Füßen dieser beiden Bäume. Sie sind durch ihre Haltung kompositorisch mit den Bäumen verbunden, die jedoch keinen Schutz versprechen. Vielmehr sollen die Bäume den Menschen auf seiner Wanderschaft durch die Welt an die Vergänglichkeit des Lebens erinnern. Der Baum ist Sinnbild nicht nur für das Werden, sondern auch für das Vergehen.

Diese Symbolik greift auch Egon Schiele in seinem Gemälde *Herbstbaum in bewegter Luft* *(Abb. 6)* aus dem Jahr 1912 auf. Auf den ersten Blick mutet dieses Bild wie eine abstrakte Komposition an. Doch die nähere Betrachtung lässt den Stamm und das Astwerk eines Baumes erkennen, der sich vor dem grauen Hintergrund aus dem schmalen Bodenstreifen nach oben windet. Wie eine ekstatische und verzweifelte Gebärde im Todeskampf erscheint das bizarre und fragile Gespinst dieses Baumes. Einige Äste sind bereits abgestorben. Sie haben den Kampf schon aufgegeben und hängen kraftlos nach unten. Nur noch wenige Blätter künden von der vergangenen Blüte des Baumes. Gleichsam einer schützenden Aureole hat der Künstler diese letzten Spuren des Lebens mit weißer Farbe umrandet und in einer besonderen Lichtstimmung hervorgehoben.

Abb. 7: Felix Nussbaum, Selbstbildnis mit Judenpass, 1943

Abb. 8: Jan van Scorel, Hl. Magdalena, um 1530

Das Spannungsfeld von Leben und Tod im Sinnbild des Baumes spiegelt sich auch in dem eindrucksvollen und erschütternden Selbstbildnis des jüdischen Künstlers Felix Nussbaum, der 1944 von den Nationalsozialisten in das KZ Auschwitz deportiert wurde, wo er wahrscheinlich kurz vor der Befreiung des Lagers starb. Etwa ein Jahr vor seinem Tod ist das Gemälde entstanden *(Abb. 7)*. In eine Ecke getrieben und in seinem Mantel Schutz suchend, zeigt der Maler dem Betrachter seinen Judenpass. Wie eine Vorahnung des Todes erscheint hinter der Mauer der Torso eines brutal verstümmelten Baumes, aus dem jedoch zugleich ein blühender Ast herauswächst. Dieses durch die Bäume versinnbildlichte Spannungsfeld von Todesahnung und Erlösung wird durch weitere Motive verstärkt. Eine bedrohliche Wolke ist dem blauen Himmel gegenübergestellt: Hell

leuchtet das obere Fenster in der Hauskulisse, während das untere Fenster im Dunkeln liegt.

Die Gegenüberstellung eines abgestorbenen und eines blühenden Baumes ist ein häufiger Topos in der christlichen Ikonografie, wie als ein Beispiel von vielen eine Darstellung der heiligen Magdalena (um 1530) von Jan van Scorel belegt *(Abb. 8)*. Indirekt wird hier auf das Kreuz Christi als Baum des Todes, aber auch als Baum des Lebens angespielt.

In Erweiterung der symbolischen Kraft des Baumes als Gleichnis für das menschliche Leben hat der niederländische Künstler Hieronymus Bosch (1450–1516) einen *Baummenschen* geträumt und zeichnerisch umgesetzt *(Abb. 9)*. Das surreal anmutende Werk zeigt zwei abgestorbene Baumstämme, die als Beine einer grotesken Gestalt aus zwei Nachen emporwachsen. Ein geborstenes Ei ist als Rumpf der Figur gestaltet

und sowohl mit den Baumstämmen als auch mit einem dem Betrachter zugewandten Gesicht verschmolzen. Wie die Parodie eines Heiligenscheins krönt eine Scheibe den Kopf des Baummenschen. Noch weitere wunderliche Dinge sind zu erkennen: das Innere des Eis als Ort eines Tischgelages, der überdimensionale Krug sowie die Eule im Geäst des Baumgerippes. Schwierig ist die Deutung dieser nach dem Prinzip der Schockmontage konstruierten Federzeichnung, wobei uns die Motive des Weltenbaumes und des Welteneis auf eine wichtige Spur leiten können. Immer hat sich Hieronymus Bosch in seinem künstlerischen Werk mit der Stellung des Menschen in der Welt auseinandergesetzt. Und diese Welt wird stets als eine böse, verlogene und teuflische Welt inszeniert, als eine Welt des Todes. So werden die Lebenssymbole des Baumes und des Eis zu Zeugnissen des Todes

Abb. 9: Hieronymus Bosch, Der Baummensch, um 1500

Abb. 10: Heinz Stein, Philemon und Baucis, 1996

und des Verderbens. Vor dem Hintergrund des Zusammenbruchs der mittelalterlichen Weltordnung ist vielleicht dieses Klagelied über den Zustand der Welt zu deuten.

Mit einer ganz anderen Aussage fesselt der Farbholzschnitt des zeitgenössischen Künstlers Heinz Stein den Betrachter *(Abb. 10)*. Eine bezaubernde Geschichte aus den Metamorphosen des Ovid ist die literarische Grundlage für dieses Blatt: Verkleidet als armer Wanderer besucht der Göttervater Zeus eine Stadt, um sich ein Bild von der Gastfreundschaft der Menschen zu machen. Doch niemand gewährt ihm Einlass. Schließlich kommt er zu einer ärmlichen Hütte am Stadtrand. Dort wohnen Philemon und Baucis. Das ältere Ehepaar bewirtet den armen Wanderer mit allem, was es hat. Zeus ist gerührt von so viel Gastfreundschaft und Großzügigkeit, gibt sich zu erkennen und stellt seinen

Gastgebern einen Wunsch frei. Immer noch in tiefer Liebe miteinander verbunden, haben sie den Wunsch, sich nie trennen zu müssen und gemeinsam zu sterben. Und so geschieht es auch. Nach dem Tod verwandelt Zeus sie in zwei Bäume. Philemon wird zu einer Eiche und seine Frau Baucis zu einer Linde. In zeichenhafter Stilisierung und in der für das Medium des Holzschnitts typischen Flächigkeit hat Heinz Stein diese Verwandlungsgeschichte verdichtet. Die Umrisse von Philemon und Baucis sind in den Stamm des Baumes eingeschrieben, der in seinem Blattwerk eine Eiche und eine Linde erkennen lässt. Zwischen den beiden Bäumen erscheint die Silhouette einer Architektur, die wie eine Krone die enge Verschmelzung des Ehepaars versinnbildlicht.

So wie das Paar bilden auch die beiden Bäume eine Einheit, wobei der Klang der Farben

nicht nur zum ästhetischen Reiz dieser Grafik beiträgt. Denn besonders durch die Farben wird dieser Baum zu einem Gleichnis des Lebens. Der Baum wird gespeist vom Lebenselement des Wassers, worauf der blaue Streifen am unteren Bildrand verweist. Das satte Grün des Laubwerks ist die Farbe der Hoffnung. Dazwischen leuchtet das glühende Rot als Farbe der Liebe, der Wärme, der Leidenschaft, aber auch des irdischen Leids. Reich sind der antike Mythos und auch unsere Volksmärchen an Verwandlungsgeschichten, an Verwandlungen des Menschen in einen Baum. Und es wird deutlich: Der Baum ist ein Sehnsuchtsmotiv. Er ist ein Ursymbol, das in geheimnisvoller Ordnung das menschliche Leben spiegelt – der Mensch ist wie ein Baum.

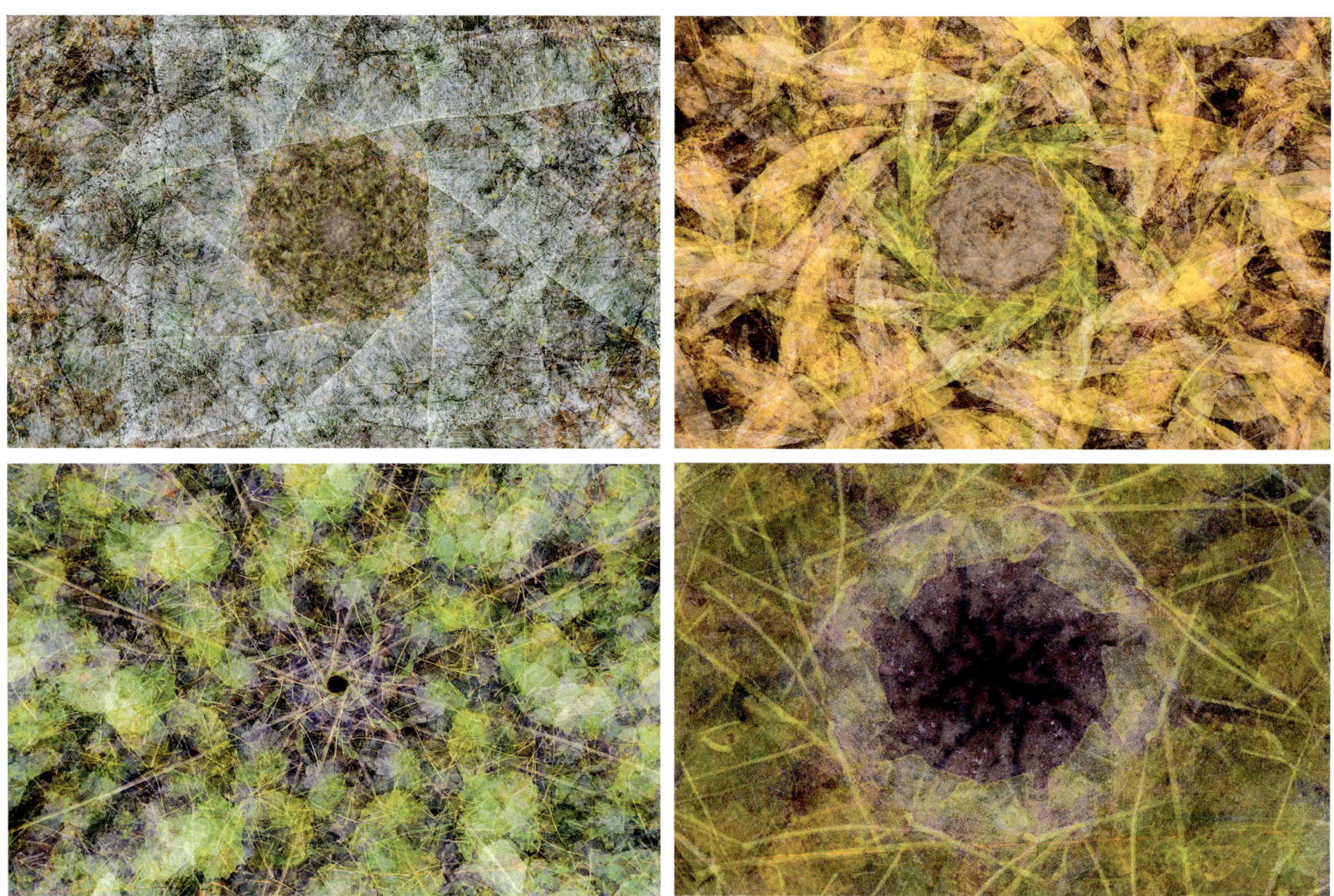

Tobias Böckermann

Die Biologie der Bäume

Der Baum des Lebens ist eine gerne benutzte Metapher für das menschliche Dasein. Gern wären wir stark wie eine knorrige Eiche und ebenso langlebig. Aber wie funktioniert eigentlich ein Baum? Was macht sein Leben aus? Ein Blick auf die Biologie einer lebenden Fabrik.

Ja, Sie haben richtig gelesen. Denn nüchtern betrachtet ist ein Baum nichts anderes als eine Produktionsstätte für Holz und Sauerstoff. Wenn auch eine besonders ausgetüftelte, bestens durchdachte und sehr erfolgreiche. Transporte aller Art sind dabei das A und O, denn Wasser und Nährstoffe müssen von der Wurzel aus bis in die letzte Verästelung eines jeden Baumes gebracht werden, ganz gleich, ob er zehn oder 100 Meter hoch in den Himmel ragt. Wer im heimischen Garten mit einer Wasserpumpe und ihren Tücken zu tun hatte, weiß, welche Leistung ein solcher Höhenunterschied voraussetzt.

Gleichzeitig filtert der Baum Kohlendioxid aus der Luft aus und gibt Sauerstoff ab – und ermöglicht damit letztlich auch das Überleben des Menschen. Wenn man also genauer hinschaut, ist ein Baum doch weit mehr als eine sich im Wind wiegende Fabrik. Er ist ein ausgetüftelter Lebensspender.

Zunächst etwas Grundsätzliches: Die Botanik definiert Bäume als „ausdauernde und verholzende Samenpflanzen, die eine dominierende Sprossachse aufweisen, die ihrerseits durch sekundäres Dickenwachstum an Umfang zunimmt". Was im Klartext bedeutet: Der Stamm ist diese dominierende Sprossachse und dessen Dicken- und Längenwachstum sorgen dafür, dass der Baum zeit seines Lebens an Umfang und Größe gewinnt.

Aber ganz so einfach, wie sie klingt, ist auch diese Definition nicht. Denn wie alles Leben können auch Bäume vom Standard abweichen und zum Beispiel mehrere Sprossachsen ausbilden, etwa wenn sie in jungen Jahren von Tieren angefressen wurden. Dann wachsen sie in die Breite statt in die Höhe. Und viele Baumarten gleichen auch dann noch einem Zwergstrauch, wenn sie schon Hunderte Jahre alt sind. Etwa, wenn extreme Bedingungen wie in der eisigen Tundra oder im schneidig-windigen Gebirge nur ein minimales jährliches Wachstum zulassen. Als natürlicher Bonsai erreichen diese Bäume auch nach Ewigkeiten keinerlei Stattlichkeit.

Dass nicht immer alles so ist, wie es scheint, beweisen auch die Palmengewächse. Sie ähneln den Bäumen, obwohl sie botanisch gesehen keine sind. Und manch ein Baumfarn, für den das ebenfalls gilt, wird bis zu 20 Meter hoch. Angesichts dieser Verwirrung ist eines zumindest sicher: Ein Strauch ist ein Holzgewächs, aus dem niemals ein Baum wird.

Grüne Geheimnisträger

Also weiter mit den eigentlichen Bäumen, die sich in Nadel- und Laubbäume unterscheiden lassen. Nicht nur bei der Ausbildung der Blätter beziehungsweise Nadeln sind sie aus buchstäblich unterschiedlichem Holz, sondern auch bei der Art der Fortpflanzung und dem inneren Aufbau der Bäume selbst. Dies zu erklären käme einem umfangreichen, eher wissenschaftlichen Unterfangen gleich und soll hier unterbleiben. Und weil in Deutschland zumindest außerhalb der Gebirge die Laubbäume natürlicherweise vorherrschen, wird es nun im Wesentlichen um sie gehen, vor allem um Eiche und Buche, die viele Wälder dominieren. In den zurückliegenden Jahrzehnten haben Wissenschaftler den Bäumen zahllose Geheimnisse entlockt und festgestellt, dass ihr Leben viel komplexer abläuft als erwartet.

Besondere Bedeutung hat natürlich die Fotosynthese, mit der sich die Bäume selbst ernähren. Das Wirkprinzip dieses wohl bedeutsamsten Prozesses auf der Erde haben sich alle grünen Pflanzen angeeignet – aber Bäume sind allein aufgrund ihrer Zahl und Größe für die Erde besonders wichtig. Immerhin kommt eine Jahrhunderte alte Eiche auf 500.000 Blätter oder mehr – sie produziert damit den Sauerstoff für zehn Menschen.

Fotosynthese findet in Pflanzen ausschließlich in den Chloroplasten statt, kleinen, vom Farbstoff Chlorophyll grün gefärbten Kraftwerken, die hauptsächlich in den Blättern und Nadeln angesiedelt sind. In den Chloroplasten erzeugt die Pflanze aus sechs Molekülen Wasser (H_2O) und sechs Molekülen Kohlenstoffdioxid (CO_2) Glukose ($C_6H_{12}O_6$), also Zucker, der ihr als Nähr- und Baustoff dient. Möglich wird diese Reaktion durch das Sonnenlicht, dessen Energie die Pflanze dazu nutzt, die chemischen Vorgänge in Gang zu halten. Etwa ein Prozent der Sonnenenergie, die auf die Erde trifft, wird von den Pflanzen zur Fotosynthese verwendet.

Dabei entsteht der wohl bedeutendste Abfallstoff aller Zeiten, nämlich Sauerstoff. Die Pflanzen selbst benötigen ihn nämlich nicht und geben ihn dauerhaft ab. Über viele Milliarden Jahre haben sie so dafür gesorgt, dass unsere Atmosphäre einen Sauerstoffgehalt von etwa 21 Prozent aufweist und sämtlichem Leben das Atmen ermöglicht. Ohne Fotosynthese gäbe es praktisch kein Leben auf der Erde.

In große Höhen

Damit ein Baum auch in der Krone seine Zellkraftwerke bedienen kann, muss er Wasser aus den Wurzeln in die Spitze transportieren. Das geschieht über mehr oder weniger dünne Transportkanäle im Stamm. Bei den Nadelgehölzen über die sehr dünnen Tracheiden, bei den Laubbäumen über die effektiveren Poren. Nadelbäume haben aufgrund ihrer Standorte in der Regel eher mit Wassermangel zu kämpfen als Laubbäume – sie setzen also alles daran, möglichst wenig Wasser zu verdunsten. Deshalb ist die Oberfläche ihrer Nadeln kleiner, sind die Wasserleitungen im Stamm dünner. Laubbäume dagegen schaffen in unseren Gefilden eine Verdunstung von 60 Litern Wasser – pro Stunde.

Die Frage, wie es den Bäumen gelingt, das Wasser auch in größte Höhen zu transportieren, wird zunehmend kontrovers diskutiert. Überwiegend geht man noch davon aus, dass die Verdunstung an der Blattoberfläche eine Saugspannung aufbaut, die bis zu den Wurzeln reicht und für einen steten Wasserstrom sorgt. Dass allein damit 100 Meter Höhenunterschied zu schaffen sind, wird nun infrage gestellt. Sicher scheint, dass die Bäume zusätzlich zur Saugspannung gezielt Zucker einsetzen, um einen Osmoseeffekt zu erzielen. Dabei sind zwei unterschiedlich starke Lösungen stets bestrebt, die Konzentration der gelösten Stoffe – hier des Zuckers – anzugleichen. Dennoch bleiben viele Fragen offen, etwa, warum Bäume sich manchmal regelrecht mit Wasser aufpumpen und sogar ihren Umfang vergrößern, auch nachts, wenn die Fotosynthese ruht.

Verborgene Helfer

Immerhin weiß man, dass die Bäume sich über die Wurzeln mit Nährsalzen versorgen, die neben dem reinen Wasser, dem CO_2 aus der Luft und der Sonnenergie ebenfalls für das Wachstum notwendig sind. Stickstoff spielt hier eine entscheidende Rolle und wird mit Hilfe von Bakterien gewonnen. Ohnehin setzen Bäume viel stärker auf geheime Helfer, als lange bekannt war. Ein unfassbar komplexes, dichtes und großes Netz aus Pilzfäden durchwebt den Boden unter einem Wald. Die Fäden umschließen auch die Wurzeln der Bäume und bilden mit ihnen eine Art Superorganismus: Nicht nur Nährstoffe werden mithilfe der Pilze an die Bäume abgegeben, sondern auch Informationen ausgetauscht. Forscher nennen dieses Netz spaßeshalber schon das „Wood wide web", eine Art Internet im Waldboden, über das vom Menschen unbemerkt Kommunikation stattfindet.

Dafür, dass das „Mykorrhiza" („verpilzte Wurzel") genannte Pilzgeflecht Nährstoffe für die Bäume erschließt, Schwermetalle filtert und als Datenleitung dient, verlangt es eine stattliche Gegenleistung: Bis zu einem Drittel seiner

Zuckerproduktion und noch dazu Stoffe wie Phosphor muss ein Baum an den unterirdischen Mitesser abgeben, der selbst nicht dazu in der Lage ist, Nährstoffe zu produzieren.

Baumgequatsche

Die Wurzelspitzen wiederum prüfen offenbar ständig den Wassergehalt des Bodens und senden eine Art Nachricht an die Baumkrone, wenn diese bei Wassermangel die Verdunstung einschränken soll. Umgekehrt können die Blätter Informationen über den Nahrungsbedarf oder den akuten Befall mit Schädlingen erfassen und weitergeben. So erkennen Bäume anhand der chemischen Beschaffenheit des Speichels von Schmetterlingsraupen, ob es sich um große oder kleine, junge oder ältere Raupen handelt und erarbeiten dann eine an die Schwere des Befalls angepasste Gegenstrategie.

Bäume können, wenn die ersten Blätter angefressen werden, die übrigen Blätter ihrer Krone und sogar Nachbarbäume warnen. Dazu haben sie etwa 2.000 verschiedene Kohlenstoffverbindungen entwickelt, die als Duftstoffe von den Blättern ausgesendet werden. Diese Botschaften werden von anderen Blättern erkannt und lösen die Produktion von Giftstoffen wie Phenolen und Tanninen aus, die, von den Raupen über die Blätter als Futter gefressen, deren Gesundheit beeinträchtigen.

Bäume können zählen – etwa, wie viele Tage lang es im Frühjahr die Temperaturen über eine Marke von 20 Grad Celsius schaffen. Erst wenn genügend Tage erreicht sind, treiben sie aus. Wie sie diese Information gewinnen und dann speichern? Niemand weiß es so genau. Außerdem spüren sie so etwas wie Schmerz – bei Verletzungen senden sie elektrische Impulse.

Pulsierendes Bodenleben

Und während das Laubdach in bis zu 50 Metern Höhe den Charakter eines Waldes bestimmt, so steckt viel Leben – zusätzlich zum unendlichen Pilzgeflecht – vor allem im Boden unter den Bäumen. Denn wenn im Herbst ungezählte bunte Blätter zu Boden sinken, bilden sie dort die Laubschicht und bieten Futter für einen Mikrokosmos aus Regenwürmern, Asseln oder Milliarden von Bakterien. Die baumeigene Recyclingabteilung leistet Gigantisches und hilft dabei, den Kreislauf des Lebens in Gang zu halten.

Pro Quadratmeter leben rund 5.000 Tiere mit einer Größe von zwei Millimetern und mehr. Und in einem einzigen Löffel Walderde leben mehr Organismen, als es Menschen auf der Erde gibt. Diese unterirdische Müllabfuhr beseitigt bis zu 20 Tonnen abgestorbene Blätter, Äste und Nadeln pro Hektar und Jahr. Und sie sorgt für den ganz eigenen Geruch des Herbstes, der sich mit einer Mischung aus kühler Frische und modriger Feuchtigkeit auszeichnet.

Bäume als soziale Wesen

Ob und wie Bäume miteinander kommunizieren, ist in den vergangenen Jahren zunehmend Gegenstand der Forschung gewesen. Und nicht zuletzt haben Bestseller wie *Das geheime Leben der Bäume* von Förster Peter Wohlleben für einen ganz neuen Blick auf den Wald gesorgt.

Bäume scheinen tatsächlich eine Art Sozialgemeinschaft zu bilden, denn über ihr Wurzelsystem versorgen sie zum Beispiel kleine Schösslinge mit Nährstoffen. Im Schatten ihrer Eltern hätten diese Jungbäume eigentlich kaum Chancen, jemals zu einem stattlichen Riesen heranzuwachsen. Aber behütet und gefüttert von jenen Bäumen, die es bis zum Platz an der Sonne geschafft haben, kann der eigene Nachwuchs in Ruhe größer werden.

Hilfe wird in einem intakten Wald auch Not leidenden Bäumen zuteil, etwa nach massiven Schädlingsangriffen. Und gemeinsam sind die Bäume eines Waldes in der Lage, im Hochsommer die Umgebungstemperatur um einige Grad Celsius zu senken. Und selbst Bäume, von denen nur noch ein paar Stumpfreste übrig sind, werden bisweilen von ihren Nachbarn am Leben gehalten – ganz ohne eigenes Blatt.

Vielleicht ist das gegenseitige Kümmern auch der Grund, warum Bäume so alt werden können. 9.550 Jahre alt ist eine *Old Tjikko* genannte kleine Fichte auf einem Berg in Schweden. Ihr Wurzelsystem bringt es auf dieses biblische Alter, der Stamm selbst ist aber jünger. Sogar 10.500 Jahre alt ist das Wurzelgeflecht der sogenannten *Huon Pine* in Tasmanien. Aus den uralten Wurzeln sprießen immer wieder neue identische Kiefern, der Baum klont sich selbst. Und in Kalifornien haben Wissenschaftler einen Busch gefunden, der sich sogar seit 13.000 Jahren selbst klont.

In Deutschland leben auch einige sehr alte Bäume, die dann gerne als 1.000-Jährige bezeichnet werden. Nachforschungen haben ergeben, dass nur die wenigsten von ihnen tatsächlich diese magische Grenze erreicht haben. Am ältesten werden bei uns Eichen mit bis zu 1.300 Jahren sowie Linden und Eiben mit bis zu 1.000 Jahren.

Betrachtet man ihre außerordentlichen Fähigkeiten, so sind Bäume letztlich viel mehr als eine lebende Fabrik. Sie gehören zweifellos zu den spannendsten Lebewesen auf der Erde.

Ich lebe mein Leben

Ich lebe mein Leben in wachsenden Ringen,
die sich über die Dinge ziehn.
Ich werde den letzten vielleicht nicht vollbringen,
aber versuchen will ich ihn.

Ich kreise um Gott, um den uralten Turm,
und ich kreise jahrtausendelang;
und ich weiß noch nicht: bin ich ein Falke, ein Sturm
oder ein großer Gesang.

_____

Rainer Maria Rilke

Willi Rolfes

Bäume im Blick des Fotografen

Der Baum bildet für mich eine eigene Kategorie als Fotomotiv. Bei der Wahl des Motivs ist, wie im richtigen Leben, auch hier oft der erste Eindruck entscheidend. Plötzlich spricht mich aus der Vielzahl von Bäumen in der Landschaft oder im Wald ein Baum besonders an. Es ist oft ein intuitiver Impuls, der mich einlädt, näher hinzuschauen. Dafür nehme ich mir Zeit und lasse den Baum auf mich wirken. Ich empfinde es als sehr hilfreich, mich zunächst „einzusehen". Dazu kann es auch gehören, wahrzunehmen, welche Kräfte der Natur sonst noch in der Umgebung wirken.

Wind, Regen, Sonne, Farben, Wolken oder Himmel begleiten die Bäume und wirken mit ihnen zusammen. Oft steckt in der stillen Betrachtung eine hohe Inspirationskraft für mich. Dabei kann es sinnvoll sein, zunächst einmal den Baum von allen möglichen Seiten anzuschauen. Der Lichteinfall ändert sich. Die Perspektive wird eine andere. Und mit unterschiedlichem Abstand zum Baum verändert sich die wahrgenommene Größe oder der Kontext. Bei dieser Erkundung lasse ich die Kamera im Rucksack und widme mich nur der Erforschung des Motivs.

Der berühmte amerikanische Fotograf Ansel Adams hat den Begriff der Visualisation geprägt. Damit meinte Adams, dass wir während des Fotografierens unser Denken und Fühlen einbeziehen und das fertige Bild vor der eigentlichen Aufnahme vor unserem geistigen Auge sehen. Zuvor formulierte der bedeutendste Maler und Zeichner der deutschen Frühromantik, Caspar David Friedrich (1774–1840), es so: „Der Maler soll nicht bloß malen, was er vor sich sieht, sondern auch, was er in sich sieht. Sieht er aber nichts in sich, so unterlasse er auch zu malen, was er vor sich sieht." Dieser Blick nach innen war der Versuch, äußere beobachtete Natur zum Spiegel des Universums zu erheben und auf diese Weise Kunst zur Mittlerin zwischen Natur und menschlicher Geistigkeit werden zu lassen. Um diese „Vorbilder" zu entdecken, benötige ich Zeit und Muße beim Fotografieren.

Symbolkraft des Baums aufspüren

Worte und Bilder können mehr als informieren. Sie können über das sinnlich Wahrnehmbare hinaus verweisen. So werden sie zu Bedeutungsträgern – zu Symbolen. Als Symbol oder auch Sinnbild wird im Allgemeinen eine Vorstellung bezeichnet von etwas, das nicht gegenwärtig sein muss. So bedarf es beispielsweise für die fotografische Darstellung der Zeit oder der Liebe eines Symbols, da sie materiell nicht abbildbar sind. Symbole sind eine universelle Sprache und werden über Religions- und Kulturgrenzen hinweg verstanden. Sie stehen oftmals am Beginn einer Kultur und sind Versuche des Verstehens. Symbole vermögen das Unaussprechbare auszudrücken.

Obwohl der Baum als solcher sicher ein Sinnbild des Lebens ist, so ist doch nicht jeder Baum gleichermaßen geeignet, diese Bedeutung zum Ausdruck zu bringen. Darum lohnt es sich nach auffälligen Baumgestalten Ausschau zu halten, ausdrucksstarke Gesten und Oberflächenmerkmale wahrzunehmen oder Bäume in besonderer Umgebung aufzuspüren.

Meine Arbeitsweise

Zu vielen Bäumen, die in diesem Buch abgebildet sind, pflege ich seit vielen Jahren eine Beziehung. Ich suche sie immer wieder auf und versuche sie im Laufe der Jahreszeiten und ihrer Entwicklung fotografisch zu interpretieren. Dabei spielt der Heimvorteil eine große Rolle. Ich bevorzuge Bäume, denen ich mit wenig Aufwand wiederholt begegnen kann. Kurze Wege und das Wissen darum, wie ein Baum unter bestimmten Witterungs- und Lichtbedingungen erscheint, sind für mich die wichtigsten Voraussetzungen für ein gutes Baumbild.

Der bekannte Südtiroler Naturfotograf Hugo Wassermann hat mir erzählt, dass er mit einer Gruppe Island bereiste. Immer wenn die Reiseleitung den Weg wies und die Teilnehmenden einlud nach rechts zu gehen, dann entschied sich Hugo, nach links zu wandern. Am Ende der Reise hatte Hugo kaum eines der bekannten und erwartbaren Islandbilder gemacht. Dafür entdeckte er Orte und Motive, die nur ihm vorbehalten waren, weil er seinen eigenen Weg gegangen war. Diese Ermutigung zu einer eigenständigen Arbeitsweise halte ich für sehr wesentlich.

Fotografische Tipps

Bei der fotografischen Bearbeitung des Baummotivs sollte nicht nur die Baumgestalt, sondern auch die Lebensgemeinschaft des Baumes eine Rolle spielen. Welche Pflanzen wachsen unter dem Baum? Welche Tiere leben im oder vom Baum? Wer sucht in seinem Schatten Schutz oder ernährt sich von seinen Früchten? Auch diese Aspekte können Teil des Motivspektrums sein. Auch die spätere Verwendung der Bilder beispielsweise als Ausstellung, Buch, Kalender oder Multivisionsschau entscheidet mit darüber, wie ein Thema bearbeitet werden sollte.

Baumfotografie ist für mich eine langsame Fotografie. Darum arbeite ich fast immer vom Stativ. Diese Arbeitsweise erlaubt es mir, die Komposition wirklich zu durchdenken und zweimal oder öfter hinzusehen, bevor die Aufnahme entsteht. Dabei rate ich dazu, den Merksatz des schwedischen Landschaftsfotografen Hans Strand zu beherzigen: „Look at the corners."

Wenn es möglich ist, umrunde ich den Baum. Diese fotografische Erkundung führt dazu, dass das Motiv sich vor verschiedenen Hintergründen zeigt. Durch das Variieren des Standortes können störende Details aus dem Bild entfernt werden. Durch die Veränderung des Aufnahmeabstandes erscheint der Baum unterschiedlich groß in seiner Gestalt. Aber auch der vertikale Aufnahmepunkt ist entscheidend. Ein sehr niedriger Kamerastandpunkt lässt den Baum vergleichsweise groß und freigestellt erscheinen. So lässt sich gut die Eigenart eines Baumes zeigen. Dabei sollte man sich ruhig einmal flach auf den Boden legen, denn die letzten Zentimeter entscheiden oft über die Bildwirkung. Ebenso empfiehlt es sich, verschiedene Kompositionen zu versuchen.

Zunächst stellt sich jedoch die Frage, welche Bildaussage getroffen werden soll. Denn der Bildaufbau ist bekanntlich eine kompositorische Unterstützung der beabsichtigen Aussage.

Die Wahl der Brennweite wirkt sich maßgeblich auf die Bildwirkung aus. Der Einsatz eines Weitwinkels erzeugt eine besonders räumliche Wirkung und kann die Dramatik eines Motivs befördern. Ein Teleobjektiv hingegen verdichtet die Szenerie und führt eher zu einer Beruhigung.

Wetterphänomene wie ein Regenbogen, Wolken oder Nebel verändern das Umfeld des Baumes stark. So hüllt etwa Nebel die Landschaft ein und blendet bekannte Elemente aus. Vermeintlich Bekanntes kann so völlig neu und anders dargestellt werden.

Nicht nur ungewöhnliche Wettersituationen laden mich zur Baumfotografie ein. An einem bewölkten oder regnerischen Tag kann eine Langzeitbelichtung von mehreren Sekunden oder Minuten den Lauf der Zeit über einem Baum darstellen. Dazu sind ein niedriger ISO-Wert, eine geschlossene Blende und ein Neutralgraufilter notwendig, um den Lichteinfall während der langen Belichtungszeit zu reduzieren. Der Baum erscheint scharf und der Himmel in Zugrichtung der Wolken verwischt.

Starker Wind kann im Herbst ein wunderbarer Begleiter sein. Bewegte Äste mit buntem Laub „malen" förmlich Farbflächen im Bild aus. Außerdem bilden sie einen interessanten Kontrast zwischen dem unbewegten Baum und den bewegten Ästen, zwischen Dynamik und Beständigkeit.

Die Sonne kann beim Fotografieren von Bäumen in der offenen Landschaft eine große Hilfe sein. Beim Fotografieren von Bäumen im Wald meide ich jedoch die Sonne, da dann die Kontraste zu hart sind. Hier bevorzuge ich den bedeckten Himmel. Er wirkt wie eine Softbox und sorgt für intensive Farben und milde Kontraste. Gerade im Herbst setze ich im Wald immer einen Polfilter ein, um Reflexionen im Blattwerk auszuschließen und die Farben zu intensivieren.

Diese Tipps möchte ich nicht wie ein Rezeptbuch verstanden wissen, sondern eher wie eine kleine Sammlung von Inspirationen, die dazu dienen können, die eigene Kreativität und Kompetenz zu fördern.

Schließen möchte ich mit einem Gedanken des französischen Schriftstellers Antoine de Saint-Exupéry, der mich bei meiner Bildgestaltung leitet: „Vollkommenheit entsteht offensichtlich nicht dann, wenn man nichts mehr hinzuzufügen hat, sondern wenn man nichts mehr wegnehmen kann."

Die Autoren

Willi Rolfes zählt zu den renommiertesten Naturfotografen in Deutschland. Hauptberuflich ist er als geschäftsführender Direktor der Katholischen Akademie Stapelfeld tätig. Dort veranstaltet er Fotoworkshops und ist Mitinitiator des Fotofestivals *Inspiration Natur*. Eine Vielzahl von Bildbänden spiegelt seine bisherige naturfotografische Arbeit wider. Einige Fotos wurden bei nationalen und internationalen Wettbewerben ausgezeichnet. Das deutsche Fernsehen zeigte die naturfotografische Arbeit in einem Film im Rahmen der Reihe *Expeditionen ins Tierreich*. Neben der reinen Naturfotografie ist es ihm ein Anliegen, „Sinn-Bilder" zu fotografieren.

Als Mitglied der Gesellschaft Deutscher Tierfotografen (GDT) möchte er mit seinen Arbeiten einen aufklärenden und Verständnis weckenden Beitrag zur Bewahrung der Schöpfung leisten.

Dr. Heinrich Dickerhoff gilt als einer der gefragtesten Erzähler Deutschlands. Hauptberuflich ist er als pädagogischer Direktor der Katholischen Akademie Stapelfeld tätig. Er studierte Katholische Theologie, Geschichte und Judaistik. Seit 1993 macht er sich als professioneller Märchenerzähler, Autor und Herausgeber von Märchen einen Namen. Darüber hinaus hält er regelmäßig Seminare über Theologie und Pädagogik beziehungsweise Workshops über die Kunst des Märchenerzählens, wobei diese drei Themenkreise nicht selten fließend ineinander übergehen. Diese „Grenzverschwimmung" kann auch als Kern seiner Herangehensweise den verschiedenen Themen gegenüber verstanden werden, sieht er diese doch als benachbarte oder sich gar gegenseitig beeinflussende Elemente. Als Beispiel hierfür kann der Titel seiner Veröffentlichung *Die Suche nach dem verborgenen Schatz: Mit Märchen nach Gott fragen* (2009) verstanden werden.

Dr. Martin Feltes ist ein Kunsthistoriker mit umfangreichen Kenntnissen der älteren jüngeren und aktuellen Kunstgeschichte. Der gebürtige Niederrheiner hat an der RWTH Aachen Kunstgeschichte, Baugeschichte und Philosophie studiert. Er arbeitet als Dozent für Bildende Kunst an der Katholischen Akademie Stapelfeld. Dort bietet Dr. Martin Feltes Seminare, Kunstreisen sowie Workshops zum künstlerischen Gestalten an. In jüngerer Zeit gilt sein besonderes Interesse dem Verhältnis von Kunst und Fotografie. Das spiegelt sich beispielsweise in dem Buch *Inspiration Natur* wider, das er zusammen mit Willi Rolfes verfasst hat. Darin wird theoretisch und in zahlreichen Praxisbeispielen über das Verhältnis von Kunst und Naturfotografie nachgedacht. Über die Bildungsarbeit und Veröffentlichungen hinaus ist Dr. Feltes für zahlreiche Kunstausstellungen als Kurator verantwortlich.

Tobias Böckermann ist Journalist, Sachbuchautor und Redakteur der Neuen Osnabrücker Zeitung. Nach dem Studium der Biologie entstand seine berufliche Leidenschaft für die Naturreportage. Seine Texte erscheinen neben nicht nur in der Zeitung, sondern auch in zahlreichen Zeitschriften. Tobias Böckermann ist Autor und Co-Autor zahlreicher Naturbücher. 2007 wurde ihm ein Sonderpreis im Rahmen des Autorenwettbewerbs *Der wilde Rabe* zuerkannt, der von der Zeitschrift GEO und der Deutschen Wildtierstiftung ausgerichtet wurde. 2016 war Böckermann für den Journalistenpreis *Klartext für Wölfe* des Naturschutzbundes Deutschland NABU nominiert. Böckermann lebt mit Frau und zwei Töchtern im Emsland in Niedersachsen. Neben seiner journalistischen Tätigkeit engagiert sich Böckermann als Schafzüchter für den Erhalt seltener Landschaften.

www.willirolfes.de
www.inspiration-natur.com

www.ka-stapelfeld.de

www.ka-stapelfeld.de
www.kunstkreis-cloppenburg.de

https://de.wikipedia.org/wiki/Tobias_Böckermann
www.bentheimer-landschaf.de

Willi Rolfes · Heinrich Dickerhoff · Martin Feltes · Tobias Böckermann

daSein.
Wie ein Baum

Konzeption und Gestaltung, Herstellung: fotoforum-Verlag, Münster
Lektorat: Martin Breutmann

Website zum Buch: www.fotoforum.de/dasein

Hinweise und Anmerkungen zum Buch:
redaktion@fotoforum.de

Bibliografische Information der Deutschen Nationalbibliothek:
Die Deutsche Nationalbibliothek verzeichnet diese Publikation in der Deutschen Nationalbibliografie;
detaillierte bibliografische Daten sind im Internet unter *http://dnb.d-nb.de* abrufbar.

ISBN 978-3-945565-08-7

1. Auflage, 2017
© 2017 fotoforum Verlag
Ludwig-Wolker-Straße 37, 48157 Münster · *www.fotoforum.de*

Printed in Germany

Bildquellen: Alle Fotografien von Willi Rolfes
Die Abbildungen im Kapitel *Der Baum im Spiegel der Kunst* auf den Seiten 92 bis 97 stammen aus folgenden
Quellen: *Abb. 1: Henri Menke (6 Jahre), Kinderkunst, 2016,* Foto aus dem Archiv des Autors; *Abb. 2: Paul Klee,
Der Häuserbaum, 1918,* Foto: Norton Simon Museum, The Blue Four Galka Scheyer Collection; *Abb. 3: Philipp
Otto Runge, Wir Drei, 1805,* Foto: akg-images; *Abb. 4: Thomas Gainsborough, Mr. and Mrs. Andrews, 1749,* Foto:
akg-images; *Abb. 5: Jan van Goyen, Landschaft mit zwei Eichen, 1641,* Foto: akg-images; *Abb. 6: Egon Schiele,
Herbstbaum in bewegter Luft, 1912,* Foto: akg-images; *Abb. 7: Felix Nussbaum, Selbstbildnis mit Judenpass, 1943,*
Foto: akg-images; *Abb. 8: Jan van Scorel, Hl. Magdalena, um 1530,* Foto: akg-images; *Abb. 9: Hieronymus Bosch,
Der Baummensch, um 1500,* Foto: akg-images; *Abb. 10: Heinz Stein, Philemon und Baucis, 1996,* Foto: Willi Rolfes

Literaturquellen: da hin (Seite 13), aus Lisa F. Oesterheld, Gottesschimmer. Geistliche Gedichte @ Echter Verlag
Würzburg, 2016, S. 30; weitere aus dem Archiv Heinrich Dickerhoff